Kristin Dahl   Mati Lepp

Meine schönsten Mathespiele

Erster Zahlenspaß für Vorschüler

Deutsch von Dagmar Brunow

© Verlag Friedrich Oetinger GmbH, Hamburg 2010
Alle Rechte für die deutschsprachige Ausgabe vorbehalten
Copyright © 2009 Alfabeta Bokförlag AB, Stockholm
Titel der Originalausgabe: Kul med matte – Leka, beskriva, mäta och räkna

Textauszug aus: Lewis Carroll, „Alice hinter Spiegeln"
© Insel Verlag Frankfurt am Main 1963

Text: Kristin Dahl
Illustration: Mati Lepp
Übersetzung: Dagmar Brunow
Printed in Latvia
ISBN 978-3-7891-8455-0

www.oetinger.de

Inhaltsverzeichnis

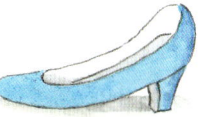

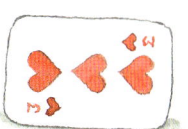

Mathe ist überall!

Ist dir aufgefallen, dass du oft mit Mathematik zu tun hast, obwohl du es gar nicht merkst? Du kannst bestimmt schon zählen. Wie weit? 1, 2, 3, 4, 5, 6 …

Du weißt, wie viel Eis am Stiel du aus der Tiefkühltruhe holen sollst, wenn alle am Tisch eines möchten.

Du weißt, wenn 2 Freunde 4 Bonbons teilen, bekommt jeder 2.

Und du weißt vielleicht, wie viele Süßigkeiten du hast, wenn du schon 3 hattest und 3 dazubekommst? Ja, genau! 6 Stück!

Hoppla, wenn du beim Lesen gerade eines aufgegessen hast, bleiben nur noch ... 5 Stück.

Wenn du 10 Euro hast und für 7 Euro Süßigkeiten kaufst, wie viel Geld hast du übrig? Genau, 3 Euro. Wie hast du das ge-rechnet?

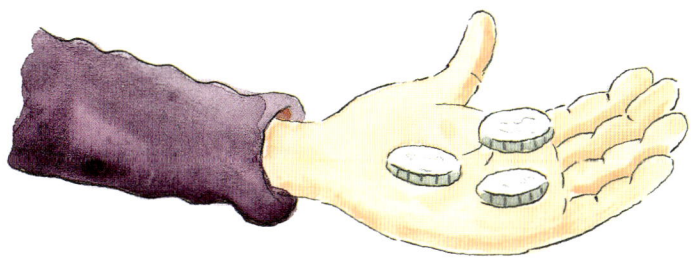

Zählen macht Spaß ...

Wenn du Murmeln spielst, Karten oder andere Spiele, dann zählst du. Oder du zählst andere Sachen, zum Beispiel, wie viele Kühe du beim Autofahren siehst. Zählen macht Spaß!

Zähl mal, was es alles für verschiedene Sachen bei dir zu Hause gibt. Zum Beispiel, wie viele Fenster, wie viele Treppenstufen, Blumentöpfe, Stofftiere, Bücher oder was ganz anderes.

... und ist nützlich

Es ist gut zu wissen, wie alt man ist. Und wenn man sich etwas zum Geburtstag wünscht, ist es praktisch, wenn man ausrechnen kann, wie lange es noch bis dahin dauert.

Die Uhr lesen zu können ist auch nützlich. Dann kannst du ausrechnen, wann du aus dem Haus gehen musst, um den Bus noch zu erwischen.

Mathematik ist viel mehr als nur Rechnen. Mathematik ist überall! Jeder benutzt sie, jeden Tag. Komm, wir begleiten Lena und Niklas, dann wirst du es sehen!

Mathematik spielt man am besten mit Freunden oder einem Erwachsenen. Es gibt bei einer Aufgabe manchmal mehrere Wege zur Lösung und oft mehr als eine richtige Antwort. Lass deiner Fantasie freien Lauf und probier einfach herum. Tipps und Lösungen findest du hinten im Buch.

Knopf an Knopf an Knopf

Lena und Niklas haben einen Haufen Knöpfe, die sie auf verschiedene Arten sortieren wollen. Sie erzählen sich, was sie vorhaben.

Niklas legt alle Knöpfe mit zwei Löchern vor sich auf den Tisch. Lena legt alle gleich großen Knöpfe auf einen Haufen.

Jetzt bist du dran! Sammle alle losen Knöpfe bei euch zu Hause ein. Du kannst sie auf viele Arten sortieren: Du kannst zum Beispiel alle blauen auf einen Haufen legen oder alle viereckigen oder alle aus Holz. Denk dir neue Möglichkeiten aus, wie du die Knöpfe sortieren könntest.

Jetzt kannst du die Knöpfe in eine lange Reihe legen.
Nimm den größten zuerst und den kleinsten zum Schluss.
Wie sieht der Knopf in der Mitte aus?

Du kannst die Knöpfe auch so hinlegen, dass ihre Farben
ein Muster ergeben. So vielleicht:

Rätsel
Eines von diesen Dingen unterscheidet sich von den anderen. Warum gehört ein Gegenstand nicht dazu? Findest du
ihn heraus?

11

Welche Schuhe gehören zusammen?

Lena und Niklas sind in Quatsch-Mach-Laune. Sie legen alle Schuhe und Stiefel im Flur auf den Fußboden. Vom Fußboden ist kaum noch etwas zu sehen. Niklas hat einen großen Bruder und zwei jüngere Schwestern, deshalb gibt es bei ihm zu Hause jede Menge Schuhe.

Hilf Lena und Niklas, die Schuhe und Stiefel zu sortieren. Was für Paare könnte man bilden? Mal auf ein Blatt Papier, was du dir überlegt hast.

Siehst du, welcher Stiefel am kleinsten ist? Und welcher Schuh den höchsten Absatz hat? Zeichne die Stiefel so in einer Reihe, dass der mit dem längsten Schaft zuerst kommt und der mit dem niedrigsten Schaft zuletzt.
Welcher Stiefel steht in der Mitte?
Sortiere doch mal die Schuhe und Stiefel bei dir zu Hause!

Drei Sachen sortieren

Such dir 3 von deinen Spielsachen aus, zum Beispiel 1 Teddy, 1 Bauklotz und 1 Auto. Stell sie nebeneinander in die Reihe.

Wenn du den Teddy zuerst hinsetzt, dann kannst du den Bauklotz neben den Teddy stellen und das Auto neben den Bauklotz.

Oder du stellst das Auto neben den Teddy und den Bauklotz neben das Auto. Du kannst auch den Bauklotz zuerst hinstellen, daneben den Teddy und zuletzt das Auto. Oder das Auto kann neben dem Bauklotz stehen und dann kommt der Teddy.

Du kannst außerdem das Auto und den Bauklotz zuerst hinstellen und dann den Teddy an verschiedene Stellen setzen. Wie viele Wege gibt es, die drei Spielsachen anzuordnen? Überlege und rate. Dann probierst du es aus. Sortier die Spielsachen auf so viele verschiedene Arten, wie es geht. Du kannst auch ein Bild von allen Möglichkeiten malen.

Probier das Ganze auch mal mit 4 Spielsachen.

Mütze und Schal für Lena

Lena mag bunte Kleider. Manchmal trägt sie ihre rote Mütze und dazu einen roten Schal. An anderen Tagen sollen Schal und Mütze unterschiedliche Farben haben.

   Auf wie viele Arten kann Lena ihre Mützen und Schals kombinieren? Natürlich trägt sie immer nur einen Schal und eine Mütze.

Rate zuerst! Dann kannst du es ausprobieren, indem du Lena, die Mützen und Schals abmalst oder kopierst. Oder du malst alle Möglichkeiten auf.

Drei Ecken

Mein Hut, der hat drei Ecken; drei Ecken hat mein Hut
und hätt' er nicht drei Ecken, dann wär' er nicht mein Hut.

Dieses Lied kennst du bestimmt, oder? Aber wie sieht der Hut
wohl aus? Zeichne ihn auf ein Blatt Papier und zeig es deinem
Freund oder deiner Freundin.

   Wenn du dich einmal umschaust, siehst du, dass alles um
dich herum eine Form hat. Ja, sogar du und dein Schatten. Die
Formen können rund sein, dreieckig, viereckig, groß, klein,
spitz, dick, dünn, lang oder kurz.

Im Schrank

Hol ein Paket Cornflakes aus der Küche. Befühle mal den Karton und guck ihn dir genau an.

Wie viele Seiten hat der Karton? Welche Seiten sind gleich groß?

Wie viele Kanten hat er? Sind sie alle gleich lang?

Wie viele Ecken hat der Karton?

Die Form auf jeder Seite ist ein Rechteck. So heißt es in der Sprache der Mathematik.

Hol mal eine Konservendose. Oben und unten hat sie eine runde Fläche. Ein ganz runder Ring heißt Kreis in der Mathesprache.

Mach es wie Lena und Niklas – gehe zu Hause auf Entdeckungsreise und suche verschiedene Formen. Niklas sucht runde Sachen. Er findet eine Schale, einen Hula-Hoop-Reifen, eine Kerze und einen Keks. Lena sucht Dinge, die nicht rund sind, und findet einen Teppichläufer, ein Kissen und ein Dreieck.

Du kannst dir auch draußen den Fußweg angucken oder Häuser oder Blumen. Nimm Papier und Stifte mit und zeichne auf, was du gefunden hast.

Gleichmäßige Formen

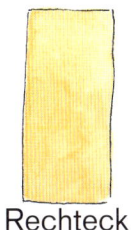

| Quadrat | Rechteck | Rechteck | Kreis | Dreieck |

Kreise malen

Lena und Niklas haben gelernt, schöne Kreise zu malen. Mit einer Heftzwecke, einer Schnur und einem Stift zeichnen sie einen Kreis auf ein Blatt Papier.

Das geht so:
Binde das eine Ende der Schnur an den Stift und das andere an die Reißzwecke. Leg eine dicke Pappscheibe oder einen Zeichenblock unter das Papier. Drücke die Reißzwecke durch das Papier hindurch fest in die Unterlage.

Halte die Schnur schön straff und male mit dem Stift um die Reißzwecke herum. Jetzt hast du einen Kreis gezeichnet! Der Kreis hat keinen Anfang und kein Ende. Er sieht überall gleich aus.

Versuch mal, mit kurzen und langen Schnüren verschiedene Kreise zu zeichnen. Zeichne ganz viele und lass einige von ihnen ineinander übergehen. Male sie mit verschiedenen Farben aus. Welches ist dein größter Kreis?
Und welches der kleinste?

Stell dir mal vor, dein Fahrrad hätte viereckige Räder.
Könntest du damit fahren?

Bauen und beschreiben

Lena und Niklas haben beide einen Haufen Bauklötze vor sich auf dem Fußboden. Sie haben genau die gleichen Bauklötze und gleich viele. Damit sie nicht sehen können, was der andere macht, setzen sie sich Rücken an Rücken.

Zuerst ist Lena an der Reihe. Sie baut ihren Turm und erzählt Niklas, was sie macht. Sie beschreibt ihm die Form und Farbe der Bauklötze, mit denen sie baut, und wohin sie sie legt. Niklas hört genau zu und versucht, den Turm nachzubauen.

Wenn sie fertig sind, vergleichen sie ihre Türme. Das ist spannend! Sehen sie gleich aus?

Dann ist Niklas an der Reihe. Er baut ein Männchen mit einem dreieckigen Hut. Ob das Männchen von Lena auch so aussehen wird?

Spiel das Spiel mit einem Freund, einer Freundin oder einem Erwachsenen. Anstelle von Bauklötzen könnt ihr auch Legosteine benutzen. Wechselt euch beim Bauen ab und beschreibt euch gegenseitig Figuren oder Muster. Wenn es schwierig ist, könnt ihr ganz einfach mit nur 2 oder 3 Bauklötzen anfangen.

Wie lang ist welche Schnur?

Nimm ein Wollknäuel oder eine lange Schnur. Bitte deinen Mitspieler, unterschiedlich lange Schnurstücke abzuschneiden und diese in unterschiedlichen Formen hinzulegen. Nun rate mal, welches Stück das längste ist und welches das kürzeste. Zum Schluss vergleicht ihr die Länge der Schnurstücke. Hast du richtig geraten?

   Im Alltag müssen wir oft Sachen ausmessen. Vielleicht wollen wir wissen, wie hoch ein Tisch ist, wie groß ein Fußboden ist oder wie viel Saft noch in der Flasche ist.

Genauso lang wie du?

Findest du zu Hause etwas, das genauso lang ist wie du? Miss dich mal am Bücherregal, am Tisch, der Tür oder dem Fensterbrett. Was ist genauso lang wie du? Ist etwas länger als du? Oder kürzer?

Wie lang etwas ist, kannst du mit deinen Füßen oder Händen ausmessen. Oder mit Eisstielen, Buntstiften oder Lakritzstangen. Miss einmal deine Freunde mit Buntstiften aus. Sie legen sich lang auf den Fußboden. Dann legst du die Stifte vom Kopf bis zu den Füßen daneben.

Wer ist länger, du oder dein Mitspieler? Hast du eine Idee, wie man das noch einfacher herausfinden kann?

Wie viele Klorollen?

Jeden Tag benutzen wir Unmengen von Papier: Zeichenpapier,
Haushaltspapier, Servietten. Aber vor allem Klopapier. Was
glaubst du, wie viel Klopapier verbraucht ihr jede Woche zu
Hause? 1 Rolle? 2 Rollen? Mehr?

  Lena und Niklas raten, dass bei Lena zu Hause mindestens
2 Rollen verbraucht werden. Jetzt wollen sie herausfinden, wie
viele es tatsächlich sind. An der Klotür befestigen sie
einen Zettel und einen Stift. Eine Woche lang, von
Montagmorgen bis zum nächsten Montagmorgen,
bleibt der Zettel da hängen.

Mach für jede neue Klorolle einen Strich

Nach einer Woche sehen sie, dass 3 ganze Rollen und eine halbe verbraucht wurden.

Lena und Niklas malen ein Bild. Am ersten Tag gab es eine ganz neue Rolle. Sie reichte 2 Tage. Am dritten Tag brauchte die Familie eine neue Rolle, ebenso wie am fünften und siebten Tag. Am Ende der Woche ist die Hälfte der letzten Rolle noch übrig.

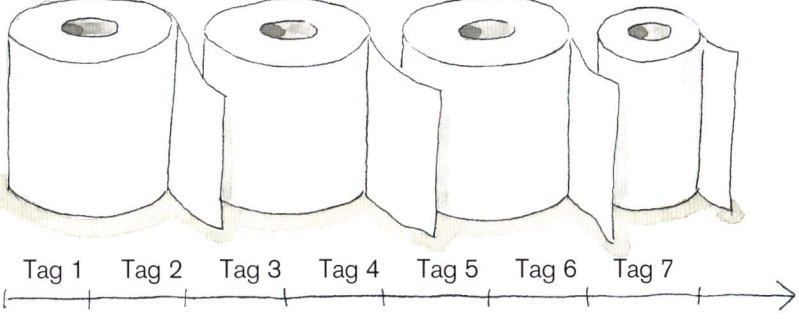

Tag 1   Tag 2   Tag 3   Tag 4   Tag 5   Tag 6   Tag 7

Mach es wie Lena und Niklas: Untersuche, wie viele Klorollen ihr jede Woche bei dir zu Hause verbraucht. Was denkst du? Sind es viele? Oder wenige?

Wie lang ist das Papier?

Lena und Niklas wollen herausfinden, wie viel Papier eine Klorolle enthält.

Zuerst raten sie. Lena rät, wenn sie die Klorolle durch das Wohnzimmer und den Flur rollt, dann ist das Papier alle. Niklas glaubt, dass die Rolle länger ist.

Wie weit kannst du eine Klorolle bei dir zu Hause ausrollen? Rate zuerst und probiere es dann aus. Wenn du deswegen geschimpft wirst, sag einfach, dass du gerade eine mathematische Untersuchung durchführst.

Die Länge von Papier kann man auf viele Arten messen. Niklas will sie mit seinen Schritten messen. Zuerst rät er, wie viele Schritte es werden. Dann geht er neben dem Papier her und zählt seine Schritte.

Lena nimmt lieber ihre eigene Größe als Vergleich. Niklas hilft ihr, ein Band abzuschneiden, das genauso lang ist wie Lena. Zuerst rät sie, wie viele „Lenas" lang die Klopapierrolle ist. Dann misst sie das Klopapier.

Wie du das Papier misst, musst du selber entscheiden: mit deinen Schritten, Händen, der Größe deiner Mutter, Lakritzschnecken oder etwas ganz anderem. Rate, wie lang das Papier ist, und miss es dann aus. Hattest du recht?

Die Länge messen

Wir können messen, wie kurz, wie lang, wie nah, wie breit, wie hoch, wie niedrig, wie tief, wie dick etwas ist. Das zeigt uns ein Längenmaß.

Früher ist man vom Körper ausgegangen. Ein Längenmaß war der Fuß, ein anderes der Abstand zwischen dem Ellenbogen und der Spitze vom Mittelfinger. Den nannte man Elle.

Aber die Menschen sind verschieden groß, und wenn man mit Körperteilen misst, bekommt man unterschiedliche Ergebnisse.

Schließlich wurde eine Maßeinheit eingeführt, die überall auf der Welt gleich lang ist, nämlich der Meter.

Für kleinere Abstände teilt man einen Meter in 10 Abschnitte, die Dezimeter. Jeden Dezimeter teilt man in 10 Abschnitte, die Zentimeter. Jeden Zentimeter teilt man in 10 Abschnitte, die Millimeter.

Richtig große Abstände, zum Beispiel beim Autofahren, misst man in Kilometern („kilo" bedeutet 1000). Ein Kilometer sind also 1000 Meter.

Längen misst man zum Beispiel mit einem Lineal, Maßband oder Zollstock.

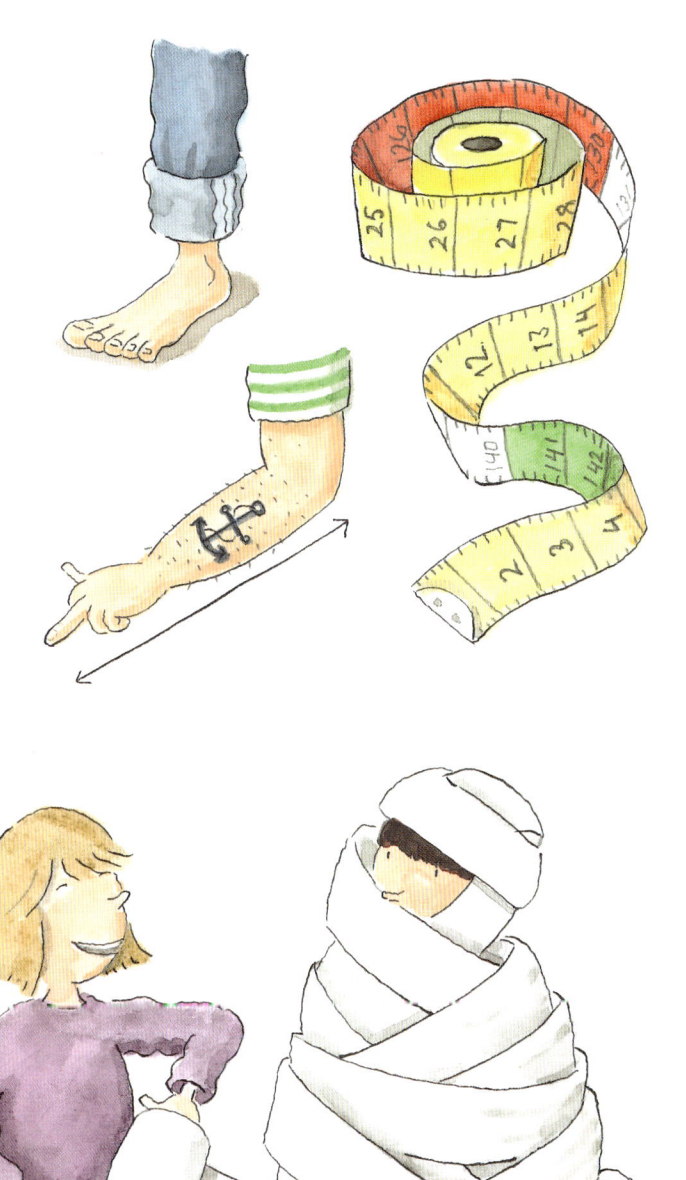

Wie viel passt hinein?

Wenn ihr in der Küche seid, nutzt die Gelegenheit und probiert aus, wie viel Wasser in die einzelnen Gläser und Behälter passt. Als Maß könnt ihr zum Beispiel eine kleine Tasse oder einen Eierbecher benutzen.

Probiert mal aus, wie viele Eierbecher Wasser in ein hohes Glas passen. Ratet erst und messt dann nach. Wer hat am besten geraten?

Ihr könnt das Spiel mit anderen Gläsern, Schalen und Dosen weitermachen. Ihr könnt auch untersuchen, wie viele Kochtöpfe Wasser in ein Spülbecken passen. Aber vergesst nicht, vor dem Messen zu raten. Und schüttet das Wasser danach nicht einfach weg, das ist Verschwendung!

Hast du eine Ahnung, wie viel Wasser du an einem Tag trinkst? Rate mal und miss dann aus, wie viele Gläser es sind.

Hier geht es um Volumen. Das Volumen zeigt an, wie viel Platz etwas braucht.

Das Volumen messen

Stell dir vor, du hättest vor ein paar Hundert Jahren gelebt und hättest Milch einkaufen sollen. Damals hättest du eine Kanne Milch gekauft. Aber nicht jede Kanne ist gleich groß und deshalb hättest du nie genau gewusst, wie viel Milch du eigentlich bekommst.

Heute messen wir Flüssigkeiten wie Milch in Litern. Für kleinere Mengen teilt man den Liter in 10 Teile, die Deziliter. Jeder Deziliter kann wieder in 10 Teile geteilt werden, die man Zentiliter nennt. Jeder Zentiliter kann in 10 Teile geteilt werden, die Milliliter heißen.

Jedes Maß ist für bestimmte Sachen nützlich. Für Gewürze braucht man sehr kleine Maße, zum Beispiel 1 Milliliter.

Wie schwer?

Such dir 2 Dinge, die unterschiedlich groß sind, aber ungefähr gleich schwer. Mach es wie Lena und wiege die Gegenstände in der Hand. Sind sie gleich schwer?
Zeichne Bildern von schweren Sachen.
Und zeichne Bilder von leichten Sachen.

Du kannst Sachen auf verschiedene Weise wiegen.

Wenn in einem Park bei dir in der Nähe eine Wippe steht, kannst du versuchen, schwere Sachen dort zu wiegen. Oder bau dir eine eigene Balancewaage aus einem Brett und einem Holzklotz. Wenn das Brett gerade ist wie auf dem Bild, sind beide Seiten gleich schwer.

Aufgabe
Finde heraus, wie viele Äpfel so schwer sind wie eine volle Milchpackung. Und wie viele Legosteine so viel wiegen wie ein Apfel. Wie viele Legosteine wiegt dein Lieblingskuscheltier?

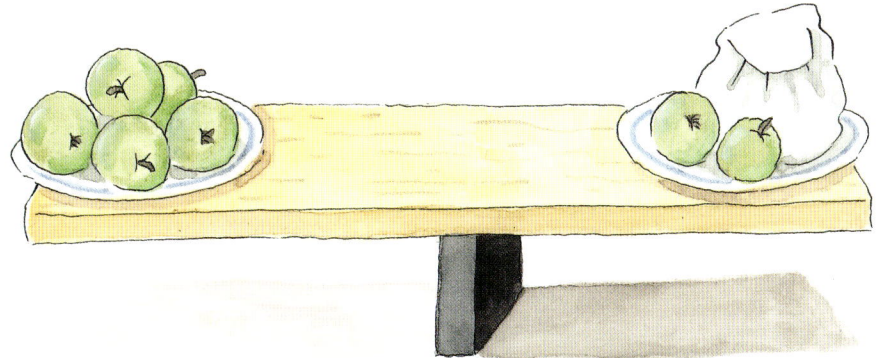

Wie viele Äpfel mögen in der Tüte sein? Was glaubst du?

Überleg mal, ob 1 Liter Milch so viel wiegt wie 1 Liter Sand. Erzähl mal, was du dir überlegt hast.

Denk daran, dass schwere Dinge, wie Steine, und leichte, wie Watte, gleich viel wiegen können. Man braucht von den leichten Sachen bloß viel mehr.

Das Gewicht messen

Gewicht misst man, indem man eine Sache wiegt.
Waagen und Gewichte haben eine lange Geschichte.
Früher hat man Sachen in Pfund gewogen.

Heute verwenden wir Kilogramm (Kilo) als Maßeinheit,
zum Beispiel für Menschen oder vollgepackte Koffer.
(1 Kilo entspricht 2 Pfund)

Für leichtere Sachen teilt man Kilo in 1 000 Gramm.

Gerade und ungerade

Hast du dir schon einmal überlegt, wie viele Ziffern und Zahlen es in deiner Umgebung gibt? Auf Uhren, Zeitungen, Straßenschildern, Häusern, in Geschäften – überall.

Auf dem Bild siehst du Ziffern. Weißt du, was sie bedeuten und warum sie dort angebracht sind?

Vielleicht ist dir beim Spazierengehen schon einmal aufgefallen, dass die Häuser auf der einen Straßenseite Nummern haben wie 2, 4, 6, 8 und so weiter. Diese nennt man gerade Zahlen. Auf der anderen Straßenseite lauten die Nummern 1, 3, 5, 7, 9 und so weiter. Das sind ungerade Zahlen.

In der Zahlenreihe 1, 2, 3, 4, 5, 6, 7, 8, 9 und so weiter kommt also nach jeder geraden Ziffer eine ungerade.

Ist die 11 eine gerade oder ungerade Zahl?

Ist die 12 eine gerade oder ungerade Zahl?

Ziffern und Zahlen

Beim Rechnen verwenden wir Zahlen. Die Zahlen bestehen aus den 10 Ziffern 0, 1, 2, 3, 4, 5, 6, 7, 8 und 9. Zwischen Ziffern und Zahlen gibt es einen Unterschied – so wie zwischen Buchstaben und Wörtern:

Buchstaben sind die kleinen Bausteine, aus denen die Wörter gebaut werden. Die Zahlen sind die Wörter der Mathesprache und die Ziffern sind die kleinen Bausteine, mit denen die Zahlen gebaut werden.

Mit den 10 Ziffern können wir unendlich viele Zahlen bauen. Die Zahl 12 zum Beispiel besteht aus den Ziffern 1 und 2, die 35 aus den Ziffern 3 und 5.

Aber jede Ziffer ist auch in sich eine Zahl.

Welche der beiden Ziffern ist am größten? Welche Zahl ist am größten?

Welche der beiden Ziffern ist am größten? Welche Zahl ist am größten?

Schreibe Zahlen, die du selber erfunden hast. Was glaubst du, wie viele Zahlen gibt es auf der Welt?

Jägermathe

Vor langer, langer Zeit lebten die Menschen in Höhlen. Sie streiften umher und suchten nach Essbarem wie Beeren und Pilzen. Sie jagten Tiere und fischten und garten das Essen über dem Feuer in der Höhle. Schon damals konnten die Menschen zählen.

Sie mussten zählen, ob sie genügend Pfeile für die Jagd hatten. Sie zählten die Häute der erlegten Hirsche. Manchmal reichten die Finger zum Zählen. Aber wie konnte man alle Zahlen behalten? Nun, man kam auf die Idee, Striche in Holzstäbe oder in den Fels zu ritzen. Und aus fünf Strichen wurde eine kleine Gruppe, genauso viele wie Finger an einer Hand.

Spielt zusammen Jägermenschen! Ihr habt vielleicht keine Hirsche, aber ihr könnt zum Beispiel Autos zählen. Einer hält nach Autos Ausschau und der andere schreibt. Und dann wechselt ihr euch ab.

So geht's

Beobachte die Straße und zeichne einen Strich für jedes fahrende Auto, das du entdeckst. Wenn vier Autos vorbeigefahren sind, sieht es so aus: ||||

Wenn das fünfte Auto vorbeikommt, machst du einen Strich quer: ⊬⊬⊬

Wenn das nächste Auto vorbeikommt, fängst du von vorne an und ziehst einen neuen Strich.

Spannender wird es, wenn ihr, wie Lena und Niklas, die Autos nach Farben oder Typen sortiert.

Lena und Niklas wollen 20 Minuten lang zählen. So erfahren sie, wie viele Autos in 20 Minuten bei Niklas vorbeifahren. Beim nächsten Mal zählen sie die Autos bei Lena und können dann vergleichen: Auf welcher Straße fahren mehr Autos?

Zählen nach Jägerart ist bei einfachen Aufgaben nützlich. Auf Dauer ist es aber ziemlich unübersichtlich. Deshalb ist den Menschen mit der Zeit eine bessere Methode eingefallen. Man hat die 10 Ziffern erfunden, mit denen man Zahlen schreiben kann. Unendlich große.

Lena und Niklas rechnen

Lena hat eine schöne Dose gefunden. Aber sie ist ganz leer. Was mag vorher darin gelegen haben? Vielleicht Pfefferkuchen?

Nehmen wir an, es waren 3 Stück und Niklas hat sie alle aufgegessen. In der Mathesprache schreibt man: 3 – 3 = 0. 3 Pfefferkuchen lagen in der Dose, aber nachdem Niklas alle 3 gegessen hat, waren 0 übrig.

Wenn 4 Pfefferkuchen in der Dose lagen und Niklas alle aufgegessen hätte, wie würde man das in der Mathesprache aufschreiben?

Erfinde eine eigene Geschichte, was in der Dose gelegen haben mag und warum sie jetzt leer ist. Mal ein Bild zu deiner Geschichte und schreib sie in der Mathesprache auf.

Schau dich mal im Spiegel an. Wovon hast du am Körper 2? Arme und Ohren. Entdeckst du noch mehr? Wovon hat der Körper nur 1? Schreibe oder male auf, was dir einfällt.

Wenn du 2 Füße und 2 Füße zusammenzählst, wie viele Füße hast du dann? In der Mathesprache schreibt man $2 + 2 = 4$.

Wenn du in die andere Richtung rechnest, also 2 Füße von 4 Füßen abziehst, wie viele Füße bleiben dann übrig? 4 minus 2 wird 2 und das schreibt man $4 - 2 = 2$.

$$2 + 2 = 4$$

$$4 - 2 = 2$$

Die nächste Nummer

Manche Aufgaben lassen sich auf clevere Art und Weise lösen, wenn man ein Muster finden kann. Dann kannst du vorhersagen, wie es weitergeht.

Guck dir mal die Eisenbahn auf dem Bild an. Der erste Waggon hinter der Lok hat die Nummer 2. Der zweite hat die Nummer 4. Dahinter kommt der Waggon mit der Nummer 6. Niklas sitzt in Waggon Nummer 8. Was glaubst du, welche Nummer hat der letzte Waggon? Wie bist du auf die Lösung gekommen?

Und wenn der Zug noch 2 Waggons hätte, welche Nummern hätten sie?

Lena hat Marsmännchen gemalt. Erst ein blaues, dann ein grünes, ein rotes, ein blaues, ein grünes, ein rotes, ein blaues und so weiter.

Welche Farbe hat das zehnte Männchen? Wie bist du auf die Lösung gekommen?

Kannst du herausfinden, welche Farbe das dreizehnte Männchen haben soll?

Wie viele Stäbchen?

Um auch so witzige Tiere zu basteln wie Lena und Niklas, brauchst du Zahnstocher oder Streichhölzer und Tannenzapfen, Kartoffeln, Apfelsinen oder Äpfel.

Wie viele Stäbchen brauchst du für 2 Schweine? Wie viele Stäbchen brauchst du für doppelt so viele Schweine?

Wie viele Stäbchen brauchst du insgesamt für 1 Spinne, 1 Vogel und 1 Pferd?

10 Stäbchen reichen für eine Kuh und eine Ameise. Versuche andere Tiere zu basteln, die insgesamt 10 Beine haben.

Anstatt die Tiere zu basteln, kannst du sie auch aufmalen.

Schweinezapfen   Laubzapfenschmetterling   Apfelameise

Kartoffelpferd   Wurstspinne   Apfelsinenkuh

Karten sammeln

Lena und Niklas spielen mit Oma Karten. Aus einem ganz gewöhnlichen Kartenspiel haben sie alle Karten aussortiert, deren Wert höher als 5 ist. Jetzt sind noch 20 Karten zum Spielen übrig. Das As zählt als 1.

Das Spiel geht so: Einer hält zwei Karten hoch und die anderen Mitspieler müssen ihren Wert ganz schnell zusammenrechnen. Wer die Antwort zuerst sagt, bekommt die Karten.

Lena teilt aus und hält 2 Karten hoch: Karo 2 und Kreuz 5. Niklas ruft „7". Die Karten gehören jetzt ihm. Lena hält zwei neue Karten hoch. Diesmal antwortet Oma als Erste und bekommt die Karten.

Das Spiel geht weiter. Niklas kann supergut rechnen. Deshalb wächst sein Kartenstapel immer höher.

Der Gewinner darf in der nächsten Runde die Karten hochhalten.

Du kannst dieses Spiel mit Freunden spielen oder mit einem Erwachsenen. Wer Zahlen noch nicht so gut kann, zählt schnell die Symbole auf den Karten zusammen. Wenn es doch noch zu schwierig ist, könnt ihr vor dem Spiel noch weitere Karten aussortieren. Zum Beispiel alle Karten, deren Wert höher als 3 ist. Danach kannst du das Spiel immer schwieriger machen.

Kinder und Mathematik

Mathematik weckt Gefühle – leider oft viel zu negative. Vielen Erwachsenen wird schon angst und bange, wenn sie das Wort nur hören. Schlechte Erfahrungen in der Schulzeit führen dazu, dass wir selbst als Erwachsene möglichst wenig mit Mathematik zu tun haben wollen.

Kleine Kinder sind noch unvoreingenommen. Sie wollen und können schon lange vor ihrer Einschulung zählen und rechnen. Sie lieben Zahlen und Mengen. Schon Zwei- bis Dreijährige können die richtige Anzahl Eisportionen am Esstisch austeilen und also eine Verbindung zwischen Zahlen und Mengen herstellen.

Das ist unsere Chance als Erwachsene! Wir können diese Lust und Freude auffangen, die Neugier der Kinder anspornen, ihr spontanes Interesse und ihre intuitiven Fähigkeiten nutzen und sie so zu freiem und fantasievollem Denken anregen.

Was ist Mathematik?

Wir kaufen Essen ein, holen Geld aus dem Geldautomaten, spielen Lotto, lesen Sportergebnisse, messen Hustensaft ab, spielen Karten und machen noch viele andere Dinge, die mit Mathematik zusammenhängen. Und wir befolgen bestimmte und verlässliche Rechenregeln, wie 2 + 2 = 4 und 4 x 13 = 52.

Rechnen ist ein nützliches Hilfsmittel im Alltag, aber es ist nur ein Teil der Mathematik. Mathematik ist vor allem eine Denkweise, eine Art, die Wirklichkeit zu organisieren. Ein Schlüsselbegriff ist „Muster" – Muster im Sinne grundlegender Strukturen. Zum Beispiel gibt es in den Ziffern selbst kein Muster, jedenfalls keines, das in der Mathematik wichtig wäre. Dagegen finden sich bestimmte Muster in den Eigenschaften der Zahlen. Eine dieser Eigenschaften besteht darin, dass jede zweite Zahl gerade ist und dazwischen eine ungerade steht.

Apropos Muster: Werfen wir einen Blick in Lewis Carrolls Buch „Alice hinter Spiegeln":

„Kannst du zusammenzählen?" fragte die Weiße Königin. „Wie viel gibt eins und eins und eins und eins und eins und eins und eins und eins und eins und eins?"

„Ich weiß nicht", sagte Alice. „Ich bin nicht mitgekommen."

Alice hat keine Struktur gefunden und hat deshalb den Faden verloren. Aber wenn sie die zehn Einsen so sortiert hätte   111 111 111 1

oder so ΗΗΤ ΗΗΤ

oder wie auf zwei Würfeln  ,

dann hätte sie schnell auf die richtige Lösung kommen können.

Indem wir ein Muster bilden, entwickeln wir eine Strategie – eine Art zu denken. Das ist Mathematik.

Mathematik im Alltag

Der Lehrplan für die Vorschule schreibt vor, dass allen Vorschulkindern die Möglichkeit gegeben werden soll, ein Verständnis für Zahlen, Maße, Form, Zeit und Raum zu entwickeln, dass Kinder in ihrem mathematischen Denken herausgefordert werden sollen. Und – das versteht sich von selbst – dass man dabei vom Spielerischen und den ganz alltäglichen Abläufen ausgehen soll.

Wenn Kinder in ihrem Alltag die Mathematik entdecken sollen, müssen wir Erwachsene sie sichtbar werden lassen. Das können wir, indem wir die Mathematik, die stets gegenwärtig ist, benennen, zum Beispiel, wie viele Leute beim Essen dabei sein werden, wenn wir den Tisch decken. Oder wenn wir die Kinder ihre Strümpfe und Spielsachen sortieren und uns beschreiben lassen, wonach sie sie sortiert haben (nach Farbe, Größe, Form, Funktion oder etwas ganz anderem). Oder wenn wir sie überlegen lassen, wie die Frucht geteilt werden soll, damit sie für alle reicht, und sie im Fahrplan nachgucken lassen, wann der Bus fährt.

Backen enthält viel Mathe. Wie viele Kekse brauchen wir? Müssen wir das Rezept verdoppeln? Wie messen wir trockene Dinge? Und flüssige? Wie legen wir die Kekse so auf das Backblech, dass möglichst viele Platz haben?

Es gilt, auf die Ideen der Kinder einzugehen und ihren Überlegungen zuzuhören. Häufig gelingt dies durch Fragen wie: „Wie kommst du darauf? Was passiert, wenn …? Kannst du das auch anders machen?"

Offene Fragen sind eine spannende Herausforderung. Offene Fragen bedeuten, es gibt kein „Richtig" oder „Falsch". Anstatt routinemäßig zu fragen: „Wie viele Blumentöpfe gibt es in diesem Zimmer?", sagt man beispielsweise: „Ich habe hier im Zimmer etwas gezählt. Davon gibt es fünf Stück. Was kann das sein?"

Kinder müssen reale Erfahrungen sammeln, bevor mathematische Begriffe wie Quadrat, Kreis oder Rechteck eingeführt werden. Aber man kann danach streben, dass sie diese Begriffe verwenden. Seine Umwelt mithilfe der Sprache der Mathematik zu benennen, kann eine Möglichkeit zu ihrem Verständnis sein.

Spiele und Geschichten

Rechnen lernt man im Vorbeigehen, würde ich behaupten. Fast jedes Kind findet an mathematischen Spielen Gefallen. Wenn man Kindern ein Spiel hinstellt und die Regeln erklärt, legen sie meist eifrig und fröhlich los. Spiele bieten Kindern die Möglichkeit, Spaß an der Mathematik zu haben: mit Begeisterung intensiv nachzudenken. Sie bieten auch den

Eltern die Möglichkeit, dabei zu sein – ohne selbst ein Matheexperte zu sein.

Beim Quartett und anderen Spiele, bei denen man bestimmte Gruppen sammelt, können die Zahlen bis Vier geübt werden; gleichzeitig sind sie ein gutes Gedächtnistraining. Auch Märchen und Geschichten sind ein guter Ausgangspunkt für Mathe. Zum Beispiel kann man an ihnen das Verständnis von Anzahl, Form, Größe und Lage üben. Zum Beispiel Worte wie „über", „unter", „auf", „klein", „kleiner", „am kleinsten", „am größten". Solche Begriffe sind wichtig zum Verständnis von Sprache und Mathematik gleichermaßen.

In diesem Buch trifft Ihr Kind auf Mathematik, indem es spielt, zählt, rechnet, sortiert, rät, probiert, misst, beschreibt, zeichnet und Spiele spielt. Für das Kind ist es wichtig, dass Sie dabei sind, dass Sie sich gegenseitig helfen und austauschen. Hoffentlich verbringen Sie auf diese Weise viele schöne gemeinsame Stunden!

Tipps und Lösungen

Seite 11: Rätsel

Vorschlag: Der Schlitten. Die anderen Dinge haben alle Räder.

Seite 14: Drei Sachen sortieren

Wir nennen die 3 Gegenstände A, B und C. So können wir sie anordnen:

A B C   B A C   C A B

A C B   B C A   C B A

Du kannst sie also auf sechs verschiedene Arten anordnen. Mit anderen Worten:
6 Kombinationen sind möglich!

Für das erste Spielzeug hast du 3 Wahlmöglichkeiten und 2 verschiedene für das zweite. Für das dritte bleibt dir nur noch eine Möglichkeit. Auf Mathesprache heißt das: 3 x 2 x 1 = 6 Möglichkeiten.

4 Spielzeuge kannst du auf 24 Arten ordnen (4 x 3 x 2 x 1 = 24 Kombinationen).

Seite 15: Mütze und Schal für Lena

gelber Schal + gelbe Mütze

gelber Schal + rote Mütze

gelber Schal + blaue Mütze

roter Schal + rote Mütze

roter Schal + gelbe Mütze

roter Schal + blaue Mütze

blauer Schal + blaue Mütze

blauer Schal + gelbe Mütze

blauer Schal + rote Mütze

Also 3 x 3 = 9 Kombinationen.

Seite 17: Im Schrank

Der Karton hat 6 Seiten, 8 Ecken und 12 Kanten.

Seite 23: Genauso lang wie du?

Wie man seine Größe mit einer Schnur oder einem Bindfaden misst, erfährst du auf Seite 26. Nachher vergleichst du die Fäden und siehst, wer am größten ist.

Seite 31: Wie schwer?

In der Tüte liegen 3 Äpfel. Sand ist schwerer als Milch, also wiegt 1 Liter Milch weniger als 1 Liter Sand.

Seite 32: Ungerade und gerade

Alle geraden Zahlen lassen sich durch 2 teilen. Alle anderen Zahlen sind ungerade.

11 ist ungerade (die letzte Ziffer ist 1), 12 ist gerade (die letzte Ziffer ist 2).

Seite 33: Zahlen und ihr Wert

Die Ziffer 3 ist größer als die Ziffer 8 (damit ist gemeint, sie ist größer auf die Seite gemalt). Die Zahl 3 ist aber kleiner als die Zahl 8, denn 8 ist ein höherer Wert.

Die Ziffer 2 ist auf der Seite größer als die Ziffern 1 und 5. Die Zahl 15 ist größer als die Zahl 2.

Es gibt unendlich viele Zahlen.

Seite 38: Die nächste Nummer

Der fünfte Wagen hat die Nummer 10, der sechste die Nummer 12 und der siebte die Nummer 14.

Das zehnte Marsmännchen ist blau, das elfte grün, das zwölfte rot und das dreizehnte blau. Alles nach Lenas Muster.

Seite 40: Wie viele Stäbchen?

Für 2 Schweine brauchst du 4 + 4 = 8 Stäbchen.

Für doppelt so viele Schweine brauchst du 8 + 8 = 16 Stäbchen oder 2 x 8 = 16.

Für 1 Spinne (8 Beine) und einen Vogel (2 Beine) und ein Pferd (4 Beine) brauchst du 8 + 2 + 4 = 14 Stäbchen.